sascha berger-schmidt
wenn mein herz erwacht

sascha berger-schmidt
„wenn mein herz erwacht"

Alle Rechte liegen beim Autor
Fotos: Sascha Berger-Schmidt
Herstellung: Libri Books on Demand

ISBN 3-8311-0746-7

für

robert
veronika
thomas
helene
gerhard

vorwort

„wenn mein herz erwacht" erzählt über gefühle, visionen,
erlebnisse, sehnsüchte und wünsche der letzten 12 monate meines
bisherigen lebens.
es ist praktisch so etwas wie ein tagebuch, ein – um den
modernen begriff zu verwenden – outing meiner person.
jeder dieser texte ist ein fingerabdruck meines herzens, mein
persönlicher weg, auf dem ich sichtbare, unauslöschliche spuren
hinterlassen habe.
eigentlich könnte man sagen, dieses buch bin ich, ich im
vergangenen jahr...

aufgeschlagenes buch

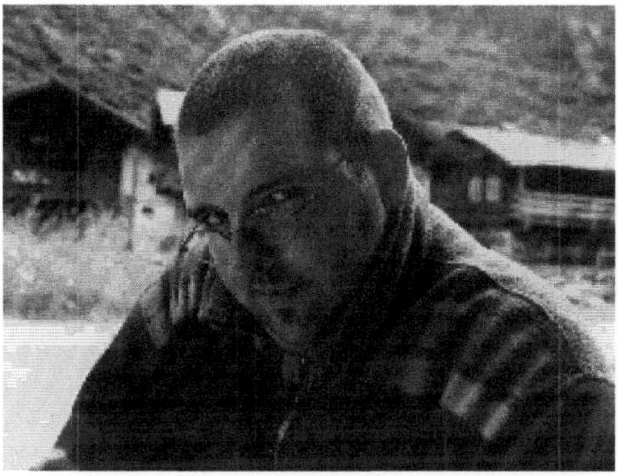

entscheidungsprozess

lange denkprozesse
nervöse gespräche
wenig schlaf
unsicherheiten angst
konflikte

aufatmen
erleichterung
entscheidungen getroffen
neue wege gehen
leben verändern
job gewechselt

meinem ärger luft machen

aufschreien
weinen
laufen
zuschlagen
zerschlagen
möchte ich jetzt

tankstelle

mehr und mehr merke ich
wie für mich die zeit
mit mir
meiner musik
meinen büchern
und den lieben menschen
die mich umgeben
zu meiner kraftquelle wird

ich setze mich hin
drehe die musik lauter
nehme stift und papier
und mein herz erwacht

engel

ich brauche einen
es gibt einen für mich

er passt auf mich auf
sieht mich überall
ist immer bei mir

ich habe ein bild von meinem engel
ich möchte meinen beschützer
einfach ansehen können
und mich leise bedanken

ich bin ein offenes buch
und ich frage mich:

gibt es wirklich keinen einzigen menschen
der die sprache in der ich geschrieben bin beherrscht?

manchmal schließe ich mich
wechsle den einband dass mich keiner mehr erkennt
nur wenn ich mich dann wieder öffne
traut sich keiner in meine nähe mich zu berühren

manchmal lasse ich in mir lesen gebe einige seiten preis
verrate geheimnisse und gedanken
doch ich merke irgendwann
dass der leser ja doch nur auf die seiten mit der unbekannten
schrift starrt
dann schließe ich mich wieder und er vergisst es

gibt es wirklich keinen einzigen menschen
der die sprache in der ich geschrieben bin beherrscht?

ein schatten fällt
über mein herz
verstümmelt meine seele
mein glück zu leben
nimmt mir die freiheit
meine hoffnungen und wünsche
und lässt mich nicht weinen

immer da

mein schatten verfolgt mich
er ist überall
ich fürchte mich zwar nicht
doch ich fühle mich nicht geborgen bei ihm
ich würde ihn am liebsten abstoßen
weg von mir

wieso diese furcht?
ist sie denn begründet?
nur weil der schatten dunkel ist
muss er nichts böses an sich haben
ich weiß es nicht wirklich
vielleicht will ich es auch nicht wissen
wahrscheinlich habe ich angst davor zu entdecken
dass ich meinen schatten schon zu oft ignoriert habe
einen teil von mir

ich wünsche dir tränen
die dir sagen dass du traurig bist
ich wünsche dir menschen
die für dich da sein wollen
ich wünsche dir einen gott
an den du glauben kannst
ich wünsche dir zu sein
so wie du gerne bist

wichtigkeiten

die wichtigste stunde in meinem leben sollte die jetzige sein
die wichtigste arbeit in meinem leben ist die mit der ich mich
gerade auseinandersetze
der wichtigste mensch in meinem leben ist der der mir gerade
gegenüber sitzt
der richtige augenblick kommt dann wenn es für mich wichtig ist
das wichtigste in meinem leben ist der moment

zufrieden

tiefe dankbarkeit und zufriedenheit
macht sich in mir breit
menschen die mich lieben umgeben mich
die natur in die ich eingebettet bin
gespräche und gesichter die mich begleiten
mehr bodenständigkeit und innerer kontakt
erfüllen mich mit ruhe und lassen mich lächeln

ein leben lang

lerne kämpfen
lerne entsagen
lerne dulden
und ertragen

lerne streiten
lerne vergeben
lerne lieben
und zu geben

dann hast du gelernt zu leben

ich muss tun
was mir entspricht

wege gehen die
für mich bestimmt sind

distanz suchen
damit ich mir nahe sein kann

mich selbst finden
um zu mir zu kommen

für mich (von hannes gruber)

scheiden sich die geister?
trennen sich die wege?
verliert sich alles im sand?
löst sich alles auf?
geht die welt zugrunde?
fließt alles den bach runter?

alles hat einmal ein ende
doch viel mehr hat mit dir begonnen!

mutlos

wenn ich meine gedanken leben könnte
würde ich weiter wachsen

nachricht

küsse den vogel im wind
da nimm meine liebe
verteil den samen
jenseits der gipfel
hab sie nicht vergessen

nichts wird sich ändern
wenn ich mich nicht öffne
mich nicht einsetze für meine anliegen
einstehe für mein handeln
und meinen gedanken den rücken kehre

so sein wie ich bin
fällt mir zu oft schwer
einfach der mensch zu sein
der sich hinter mir versteckt
deine blicke lassen mauern
um mich entstehen
deine worte lassen mich taub werden
und erstummen vor angst
berührungen von dir
lassen mich erzittern erstarren
dann immer dann
bin ich nicht mehr ich

ich höre schritte
meine schritte
und entdecke
dass ich stehe

ich

du weißt nicht wer ich bin
weiß es selber nicht
jeden tag neue kostbarkeiten annehmen
jeden tag aufs neue
verschenke und lasse los
du weißt nicht wer ich bin
kannst es nicht wissen
musst mit mir gehen
alles aufs neue erleben

todesangst

sie umgibt mich
lässt mich erzittern
lehrt mich das fürchten
hält mir den spiegel vor
macht kein geheimnis draus
ist allgegenwärtig
weiß nie wann sie anklopft
ist realistisch
mal hier mal da
immer in meiner nähe
bestimmt den lauf
nimmt keine rücksicht
wird mich erlösen

wenn du auf mich zukommst
traurig verbittert und enttäuscht
sehe ich dich an
und erkenne mich selbst
und dann vergebe ich die chance
dir offen zu begegnen

meine fähigkeiten weiterentwickeln
meine defizite wahrnehmen und
die chance nutzen sie zu fertigkeiten zu machen
nicht daran zu denken was mich leitet
sondern zu erkennen was ich alles geschaffen habe

ich bin

wer bin ich
was will ich
was kann ich

ich bin der stamm
ich will wachsen
früchte tragen
und diese früchte selber ernten

sei so wie du bist!

ja gut

und wie bin ich?

reden wir übers schweigen

reden
reden
sollten wir
über das
wir schweigen
schweigen
über reden
reden
wenn wir reden
reden aneinander vorbei
reden
missverständnisse
schweigen wir
bleiben sie
reden wir darüber
wie wir reden

hoffnung

gedichte
die von mir erzählen
werden mein schweigen
überdauern

wenn sie verstaubt sind
sind sie nicht älter geworden
sie werden da sein
wie ich es gewesen bin

sie werden mein tiefstes
meine sehnsucht und wünsche
meine abgründe und gefühle
bewahren

wenn ich es nicht mehr bewahren kann

ungewiss

die zukunft
zukunft
mit der arbeit
arbeit
der platz
sicherheit
zu arbeiten
zu existieren
die arbeit
als vorsorge
ungewiss
meine zukunft
meine arbeit

weg

die angst beschäftigt
mich bis an die grenzen
die versuche im neuen
und sicherheit im altem
der weg ist steinig
steigt an
verläuft wieder flach
es gilt zu klettern
umzudrehen
stolpern und aufstehen
zu akzeptieren
fällt schwer
mein weg

tunnel

höre stimmen
geräusche nehme ich wahr
papier raschelt
mein name wird gerufen
unkonzentriert unaufmerksam
seitengespräche geschwätz
hitze und müdigkeit
mich sammeln
aufraffen
teilnehmen

worte

worte können an bedeutung verlieren
worte können auch zweifel bedecken
worte können so viel sagen
doch worte können auch lügen

mit worten gewinnt man kein spiel
worte spiegeln keine angst
worte aus meinem mund
können mich selber verletzen

gib acht traue nie dir selbst
denn der der dich zuerst verletzt
wirst immer du sein
und worte die du bereit hältst
sind nicht die die du dann wählst
weil deine wahren worte
dann an bestand verlieren

oft glaube ich für alles und jeden zeit haben zu müssen
und wenn ich sie für mich habe weiß ich nichts anzufangen
mit ihr
schlage sie tot oder ver-arbeite sie
und bin wieder einmal ruhelos und zeitlos

verlorene zeit
alles hat seine zeit
sie ist nicht verloren gegangen die zeit
die zeit richtet sich nach mir
drum kann die zeit nichts dafür
dass ich sie nicht sinnvoll nütze

zuviel bedeutung wird der minute der eile
dem anscheinend wichtigem zugesprochen
dann denk ich mir wie wäre ich unterwegs ohne uhr
würde vielleicht mal einen termin vergessen
und dafür für mich die zeit genießen

unruhe

niemals ist es langweilig
immer in bewegung
kein stillstand in sicht
komm nicht zur ruhe
nervös und unruhig
muss nachdenken
wieder zu mir finden
ruhe und raum gewinnen

geblendet von mir selbst
von meiner scheinbaren wichtigkeit
es ist nur eine art mich zu ermutigen
denn mutlos ist es in mir
könnte dauernd weinen
kein lachen mehr da
ertrinke unter der eisdecke
finde den ausweg nicht

im grunde einsam

keiner reißt mich aus dem traum
hält das schafot zurück
sichert mich vor dem sturz
bindet das seil fest
streut salz um mein ausrutschen zu verhindern
ruft halt pass auf dich auf
bevor es zu spät ist
keiner ist wirklich da

entscheiden

bewusst zu entscheiden
es zu lassen
hat mich fast zerfressen
an mir genagt total verschissen
innerlich mich fast zerrissen
zu lösen mich von all den menschen
den beziehungen meiner aufgabe
meiner verantwortung meinem gewicht
war fast unmöglich für mich

kostbares gut

das leben ist einfach zu schön
um es achtlos zu behandeln
denn schließlich muss ich noch danken
für die grenzenlose liebe
die ich täglich empfange

durchgeknallt?

den ganzen tag
nervös gesucht
einen moment der ruhe
worte lassen mein trommelfell erzittern
meer der stille
der puls zereist mein herz
meine rechte weiß nicht was die linke tut
unaufhaltsam die bewegung

schlafe in der nacht
ausrasten am tage
sammeln für die nächste tat
ich nicht zu bestimmen vermag
zu schätzen gilt es den moment
morgen ist alles anders

haß

ich haße euch
die ihr immer schuldige sucht
nichts unversucht lässt
zu zerstören den menschen
tränen heraufbeschwören
fragen über fragen
seelen zu töten ohne zu erröten

was fang ich an
mit meinem leben?
nichts wissend und nichts habend
übrig nur ich
übrig nur der mensch

gefühle kopfgesteuert
einzelne noch erkennend
sympathisch heiter
arrogant und kritisch
fühl mich wohl wie ich bin
noch

ich bin zweifler
glaube nicht

suchender
suche nicht

träumender
träume nicht

geliebt
gehasst
gewärmt
hoffend
und wachend

reden oder schweigen?
freude oder trauer?
leben oder tod?
freundschaft oder feindschaft?
liebe oder hass?
reden- nur mit dir!
freude- nur mit dir!
leben- nur mit dir!
liebe- nur mit dir!
freundschaft- nur mit dir?

gelernt - verlernt
geplant - verplant
gebraucht - verbraucht
gestört - verstört
gelebt - verlebt
gestorben - vergessen

fragezeichen

die welt sieht mit jedem tag anders aus
und doch bleibt sie in ihrem wesen immer die gleiche
ohne ende und ohne anfang
wonach ich suche
ich kann es nicht sagen
nur eines
dass ich manchmal traurig bin
wenn ich suche

ich lebe in dir

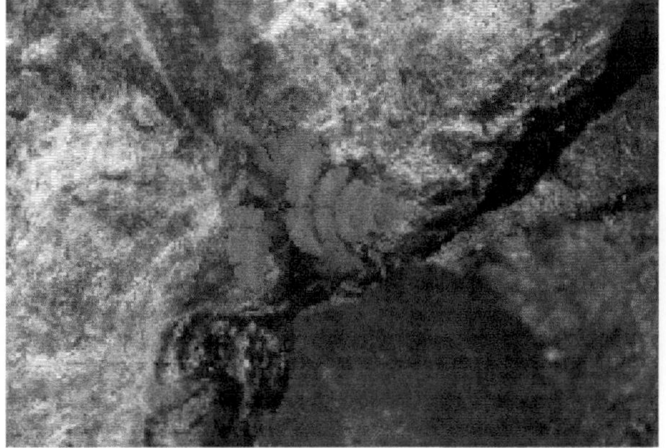

gletscher

groß mächtig
vertrauensselig und geheimnisvoll
präsentiert er sich mir
in seiner ganzen pracht und unvollkommenheit

unberührtes schneefeld
eine spur führt zu mir
meine erinnerung sucht in mir
findet nichts nur jene spur
die führt zu mir
fragt was machst du hier

wecker der natur

es glitzert am horizont
ich spür schon sie kommt
nebel bildet sich
die wärme gewinnt bestimmt
sehe die sterne nicht mehr
der planet erde erwacht
die sonne ist aufgewacht

die weiße jahreszeit

endlich haltest du einzug
bringst kälte und schnee
deckst alles zu mit deinem mantel
wie gerne ich das seh
liebe es auf dir zu laufen
bist nicht nur nass und kalt
lange wirst wohl nicht bleiben
denn dein bruder kommt bald
doch winter was soll`s
nicht immer kann`s bleiben so kalt

die weiße jahreszeit

du bist der - ich bin da

ich bin der

wieder erwachen meine gedanken an dich
aufgeflammt die gespräche
ruhe blüht auf in mir
wenn ich an dich denke

hören lerne ich
auf das was du erzählst
schweigen lege ich mir auf
stoppe das zer-reden

vollkommen entspannt
nehme ich dich wahr
dich der du da bist

leben & tod

es wird zeit sich mit dir auseinanderzusetzen
mit dir zu diskutieren
den grund deines lebens zu ergründen
zu spüren was dich mit mir verbindet
dich von oben bis unten zu mustern
und mich langsam an deine nähe und vielfalt zu gewöhnen
und zu fragen wer du bist und wie ich dich rufen soll
wenn es zeit wird für mich
um durch dich zu leben

warum fehlt
mir die kraft
das vertrauen
der glaube an dich
an mich
und unser da sein

aufstehen
losgehen
bereit sein
für dich
für mich
für uns
diesen tag
jetzt und heute

ich bin da?

bist du jetzt da oder nicht?
ist es liebe oder aberglauben?
gehst du mit oder bin ich allein?
zeig du dich mir
oder spielen wir weiter verstecken
soll ich etwa in der ungewissheit ersticken?

credo1

ich bekenne dass

ich dich suche
oft auch verfluche

ich glaube
weil ich liebe

du gegenwärtig bist
in meinen tränen

du mir erscheinst
in meinen lieben

du mich begleitest
in meinem tun

ich sehe
dass ich blind bin

dass ich mir schwer tue
dich zuzulassen

gebet

ich bin was du in mir siehst
du machst mich zu dem was ich bin
durch dich werde ich dein abbild
geschaffen aus deiner hand durch deinen willen
ich rede worte die du mir zuflüsterst
schreibe texte die du mir in meine feder legst
gehe wege die du mir ebnest
sterbe wenn du es willst
und lebe dann weiter in dir

eines tages
geht die türe auf
an die ich sooft
vergeblich geklopft

ich werde eintreten
angetrieben von meinem ich
und gerührt die wärme
deiner umgebung
in mich aufnehmen

gott

du hast
mir meine
sehnsucht
erschaffen

trotz aller enttäuschungen
werde ich weiter suchen
berge besteigen täler durchwandern
jeden tag jahr für jahr

akzeptieren dass ich noch
oft hinfallen muss
leider weil ich es
einfach nicht verstehe

ich werde weitersuchen
mich vorsichtiger bewegen
und mir zeit lassen
bis ich angekommen bin bei dir
bis ich angekommen bin bei mir

du lebst in mir

verlorene sekunden

jede nacht in der ich nicht zu hause bin
stehe ich an meinem zimmerfenster gelehnt und
mein herz ist vor liebe heiß
weil es sich nach dir sehnt

und leise während den sekunden
fehlt schon mancher herzschlag
und so verliere ich die stunden und
mit warten meinen tag

ich hoffe sie finden sich bei dir wieder
und erzählen dir von meinem leid
von meinen vielen liebesliedern
und meiner traurigkeit

die sehnsucht nach dir
der wunsch nach deiner liebe
lassen mich wach sein
tag und nacht
komm bald zurück
ich bin sehr müde

liebesgeständnis

wie ein stein
der ins wasser fällt
den see zu beben bringt
so bebt mein herz
wenn du mich berührst

gehe neben dir

auch wenn du verzweifelst
nicht mehr weiter weißt
alles lassen möchtest und
nur noch hassen kannst
du schmerzen leidest
nicht mehr schläfst
du in der dunkelheit irrst
stolperst und fällst
aus dir rausschreist und weinst
gehe ich neben dir

grenzenlos

liebe
meine liebe
zu dir
deine art
dein körper
zusammen
lieben wir
bis an
unsere grenzen
kosten wir uns aus
die liebe
versuchen sie
mit leidenschaft
lieben wir uns

schön zu sehen
wie sie dich zum lachen bringt
sie mit dir redet
ihr zusammen wege beschreitet
schön dass du dieser frau
veronika begegnet bist

sehnsucht

wir sehen uns wochen nicht
die zeit hält was sie verspricht
sie überlistet uns
auf die probe werden wir gestellt
wie gut ist es um unsere freundschaft bestellt
sehne mich nach einem gespräch
wünsche mir dich zu umarmen
im regen zu spazieren
schweigend zu lachen
weinend zu schreien
fehlst mir
mein freund
meine freundin

mein wegweiser

meine gefühle zeigen mir
den weg richtiges zu tun
meine gefühle zeigen mir
was ich für jemanden empfinde
meine gefühle zeigen mir
dass dies der richtige weg ist
dir zu sagen ich liebe dich

in beziehung mit dir

danach

du trauerst
um deine freundin
ich seh´s dir an
du willst es verbergen
es geht schon
sind die antworten
ich trauere
weine deine tränen
spreche dein gebet
zünde deine kerze an
ist es richtig
deinen weg zu gehen?
überfordere ich dich?
zwinge dich zu sprechen?
mir bleibt die angst

lauras 3 geburtstag

zu sehen wie du heranwächst
deine eigenheiten entwickelst
sprichst lachst weinst und singst
mich zum spielen aufforderst
herzlich mich begrüßt wenn ich dich besuche
am telefon fragst? wo bist du denn göti?
erfüllst mich mit stolz
lässt mich herzlich lachen
und weinen vor glück

ich liebe dich

dein göti

neue erfahrung

vor kurzem haben wir uns kennengelernt
es war für mich eine neue erfahrung
langsam lernen wir uns kennen
und kommen uns immer näher
du sprichst mir offen dein vertrauen aus
und lässt mich deine freundschaft mit einer herzlichen
umarmung spüren
eine ganz ungewohnte situation für mich
mit dir gemeinsam zu reden und zu lachen
eigentlich versuche ich diese erfahrung schon seit jahren zu
machen
und heute bist du gekommen was mich macht glücklich und
bringt mein herz zum lachen

wie ein vogel in der luft

so sollten auch wir uns bewegen
in unserem leben
mal sich ein paar minuten tragen lassen
ausschau halten nach beziehungen
sich selber fühlen uns spüren
und tun was uns eigentlich sein lässt was wir sind
liebende menschen

wie es begann

du hast mich gezähmt
mich zu dir gerufen
deine hand mir gereicht
dein vertrauen laut ausgesprochen
ohne darauf zu achten was andere sagen
gewagt ja zu mir zu sagen
damit er wachsen kann der same
im humus unserer freundschaft

ich wünsche mir menschen
die mit mir meine last tragen
mit mir zu meinem gott beten
meine träume mit mir teilen
und mit mir gemeinsam aufbrechen
um neue wege zu suchen

angst zu vereinsamen

gerade ist es schön
und morgen kann es schon wieder anders sein
gehst vielleicht weg
lässt mich allein
verliebst dich in einen menschen
wirst nicht mehr an mich denken

lebe freundschaft

ich möchte freundschaft nicht erleben
denn ich will nicht nur nehmen
ich will freundschaft leben
und gemeinsam den weg mit dir begehen

träume die wirklichkeit

ich träume dass ich bin
ich träume dass ich gehe
ich träume dass wir uns begegnet sind
ich träume dass freundschaft uns verbindet
ich träume dass wir wachsen
ich träume dass wir immer noch freunde sind
ich träume dass du einen mann kennenlernst
ich träume dass du ihn liebst
ich träume dass du glücklich bist
dass du strahlst wie nie zuvor
ich träume dass er unsere beziehung nicht duldet
ich träume dass du mich ab da verheimlichst
ich träume dass es funktionieren könnte
ich träume dass es mir damit nicht gut geht
ich träume dass du nicht mehr an mich denkst
ich träume dass ich dich verliere
ich träume dass alles wieder so ist
bevor ich dich kennenlernte

sicherlich
freundschaften sind ein kostbares gut
genauso kostbar ist die fähigkeit
sich zu distanzieren beziehungen zu reflektieren
oder sich eben von menschen seinen freunden
zu verabschieden und raum schaffen
für neue beziehungen

einfach einen freund

wie sehr wünsche ich mir
einen menschen wie dich
der mir freund ist
erlebtes mit mir teilt
da ist und mich
annimmt wie ich bin

die fähigkeit zu erkennen was mich bewegt
mir ein lächeln schenkt und mich zum strahlen bringt
mich tröstet und gemeinsam mit mir weint
zu mir spricht und genauso gerne zuhört
mir ansieht was los ist und mich umarmen kann
genauso aber auch kritisch mir gegenüber ist
und ihre eigene meinung vertritt
so eine freundin habe ich in dir gefunden

eigentlich müsste ich mich glücklich schätzen
denn scheinbar habe ich alles
was mir aber trotzdem fehlt
ist eine nahe freundschaft
ein glas wein
ein kerzenschein
und leise mit dir sein

sehnsucht

nach einer ehrlichen freundschaft
nach geborgenheit und friede
nach gipfelsiegen
nach erfüllung im beruf
nach sicherheit und ruhe
nach lachenden blicken
nach umarmungen
vor allem habe ich aber
sehnsucht nach mir
nach meinem innersten

für veronika

herberge möchte ich dir sein
immer das passende wort bereit haben
dir geborgenheit geben
wenn du frierst einsam und traurig bist
über altes mit dir träumen und
neues entstehen lassen
mich dir zuwenden wenn du auf
meine schulter klopfst
dich auffangen wenn du fällst
und dir wohlwollend meine
kräftigen hände reichen

ich sage dir
ich traue mich nicht
dich anzusprechen und
bei dir einzutreten

so misstraue ich dir
und gebe dir nicht die möglichkeit
mir was zu geben
und mir zu begegnen

ich muss aufmachen und
dir die chance geben
        das wesentliche
        an mir zu entdecken
damit wir beide
miteinander wachsen können

brief an dich

mein freundin
du bist was kostbares
bist immer freundlich und ehrlich
bist aufmerksam und offen
ob ich dir etwas lustiges erzähle
etwas trauriges
oder ob mich etwas bedrückt
du bist immer für mich da
hörst mir zu
lachst mit mir
weinst mit mir
versuchst mir zu helfen
du weißt alles über mich
und magst mich trotzdem
bei dir finde ich ruhe
und geborgenheit
kann mich anlehnen
mich fallen lassen
zu mir zurückfinden
du hast einen festen platz in meinem herzen
den dir keiner mehr nehmen kann
du bist was kostbares
du - meine freundin

... und so kann man sich dieses buch in einem bild vorstellen!